LA CAUSE

DU

PEUPLE MOZABITE

Mise au Point

PAR K. E. (MOZABITE)

— ALGER —   — 1924 —

LA CAUSE

DU

PEUPLE MOZABITE

Mise au Point

PAR K. E. (MOZABITE)

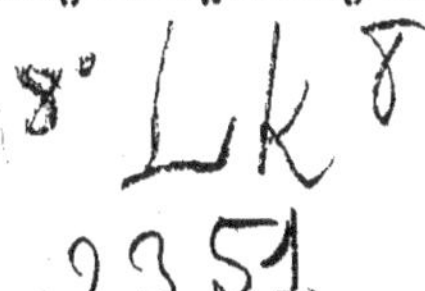

LA CAUSE DU PEUPLE MOZABITE

MISE AU POINT

Nous avons lu un article publié dans l' « Echo d'Alger » du 16 novembre 1923 et intitulé : « Les Mozabites et la Conscription ». L'auteur a essayé de nuire au peuple mozabite parce que ce peuple défend, dans la plus stricte légalité, ses droits méconnus, auprès des hommes libres de France qui les lui ont reconnus. Il a parlé pêle-mêle de la religion, de la politique et de l'histoire et s'est immiscé dans des questions qui intéressaient les musulmans seuls.

Il ressort clairement de la lecture du dit article, rempli d'erreurs historiques et juridiques, d'injures et d'invectives que son signataire ne connaît même pas les règles les plus élémentaires de la discussion et de la politesse en matière de journalisme et semblerait appartenir aux siècles les plus sombres de l'histoire, ou être aveuglé par le fanatisme colonial.

Et si nous ne craignions de voir se propager ces erreurs dans l'esprit des gens simples, nous nous serions contentés, en fait de réfuation, de la publication même de l'article et nous l'aurions ainsi soumis au jugement des fils du 20ᵉ siècle. Mais dans l'intérêt même de la vérité et pour dissiper tout doute, nous nous proposons de le réfuter sans toutefois suivre la méthode employée par son auteur......

Celui-ci a écrit textuellement :

« Depuis 1882 que le Président Jules Grévy a signé l'acte d'annexion de la confédération des sept villes du Mzab aux Territoires du Sud de l'Algérie et la création du cercle de Ghardaïa, les Mozabites n'étaient soumis à aucune obligation militaire. Or, en date du 5 mars 1921, un décret qui bouleversait la législation antérieure, etc.... »

L'auteur a voulu faire entendre par là que le Mzab avait été annexé en 1882 à l'Algérie par la simple promulgation par le Président de la République du rapport qui lui a été présenté par les ministres de la guerre et de l'intérieur, le 21 décembre 1882, de telle sorte que le Mzab serait devenu depuis une partie du territoire de l'Algérie, régie par les lois de ce territoire.

Cette thèse, bien que soutenue par les partisans de l'annexion du Mzab, n'est fondée ni en droit ni en fait.

1° En droit. — Comme l'ont affirmé des comités du droit international, il n'y a pas eu d'annexion du Mzab par **simple occupation,** car en droit, on ne peut occuper que des pays déserts ou habités par un peuple de civilisation inférieure. Ce qui n'est pas le cas pour le Mzab dont les habitants sont instruits, travailleurs et grands commerçants.

Le Mzab n'a pas non plus fait l'objet d'une **conquête** de la part de la France car, en droit encore, la conquête suppose la substitution de l'autorité du conquérant à celle du conquis. Il n'y a pas eu davantage un **acte d'annexion** du Mzab. Quant au décret du 21 décembre 1882, il a resserré les liens établis entre la France et le Mzab, par le traité du 29 avril 1853 qui a fait du Mzab un pays de **Protectorat. D'ailleurs,** à supposer même qu'on ait eu l'intention d'annexer le Mzab par le décret du 21 décembre 1882, cette intention n'aura été qu'un simple projet.

En effet, pour que ce décret puisse constituer légalement un acte d'annexion il est nécessaire qu'il soit ratifié par les Chambres, conformément à l'article 8 de la loi constitutionnelle du 16 juillet 1875 qui dit textuellement : « Nulle cession, nul échange, nulle adjonction de territoire ne peut avoir lieu qu'en vertu d'une loi. » Or, jamais le décret du 21 décembre 1882 n'a été ratifié par les Chambres françaises. D'ailleurs Monsieur le Gouverneur Général de l'Algérie Steeg a écrit dans son rapport du 14 mai 1923 au Conseil d'Etat : « Ce que les ministères de l'Intérieur et de la Guerre demandèrent alors au chef de l'Etat, ce n'est pas d'approuver un projet d'annexion du Mzab, mais l'organisation administrative qu'ils proposent de donner au pays. »

Il dit encore dans ce même rapport que la France laissa au Mzab : « son autonomie administrative. »

En fait. — En réalité la situation politique du Mzab est toujours celle qui a été instituée par le traité du 29 avril 1853.

Au point de vue religieux. — Le Mzab est complètement indépendant !

Au point de vue judiciaire. — Les Mozabites nomment leurs cadis qui sont agréés par la France. Ceux-ci jugent en première instance et en appel. La langue officielle est la langue Mozabite. Les jugements sont rendus conformément à la législation Ibadhite. Leur code est le livre « Oued-Ennil ». La France ne se mêle jamais des affaires judiciaires des Mozabites sauf dans le cas où un étranger est en cause.

———— : : ————

Au point de vue
Administrative et Economique

Le Mzab est soumis à l'autorité des Caïds qui s'occupent de toutes les questions intéressant les habitants et sont responsables de l'ordre public. Ils sont aussi compétants pour rétablir et recueillir **le tribu qu'ils doivent payer annuellement à la France.** Cette opération est effectuée avec l'aide des municipalités. Le rôle de ces municipalités dont les membres sont élus tous les trois ans, au suffrage universel, est de voter le budget annuel et de veiller à la bonne marche des affaires du pays. En un mot les municipalités ont certaines attributions exécutives.

La France exerce seulement un léger contrôle sur l'administration du pays ainsi, elle choisit les caïds **sur une liste présentée par les Mozabites eux-mêmes** et renforce au besoin l'autorité de ces caïds etc...

Le fait d'ailleurs de considérer les juifs du Mzab comme non soumis au décret d'octobre 1870 relatif à la naturalisation des israélites algériens, (Journal de jurisprudence de la cour d'appel d'Alger : Robe page 662 et conseil de Préfecture 11 août 1870), l'existence de droits de douanes pour certaines marchandises provenant de l'extérieur du Mzab, l'exigence même en temps de paix d'un passeport pour quitter le Mzab, démontrent clairement que la France considère encore le Mzab comme un pays de « Protectorat » et non un pays annexé faisant partie du territoire Algérien.

Nous sommes heureux d'enregistrer que l'auteur du dit article a reconnu que jusqu'au 5 mars 1921 le Mzab n'était soumis à aucune obligation militaire et nous lui demandons quelle excuse peut justifier la modification d'un état de chose qui date depuis le traité du 29 avril 1853 qui renferme cette phrase : « **Nous ne voulons en aucune façon nous mêler dans vos affaires intérieures ; vous resterez à cet égard comme par le passé.** » Cet engagement n'a-t-il pas d'ailleurs été corroboré par le décret du 21 décembre 1882 ? ?

L'auteur ajoute : « C'était, l'égalité, chère aux démocrates, enfin réalisée. Tous, dorénavant, seraient égaux devant l'impôt du sang. »

Nous sommes les premiers, certes à aimer l'égalité ; mais nous l'aimons dans la justice, le respect et l'exécution des engagements pris ; nous l'aimons dans la reconnaissance des droits de chacun, protégés par la loi.

Mais, le principe d'égalité qui soumet le pauvre et le riche aux mêmes impôts est-il véritablement démocratique ? ? D'ailleurs l'auteur reconnaît-il que nos frères Algériens qui, comme les français, sont soumis à l'impôt du sang doivent avoir les mêmes droits qu'eux ?

Il a écrit ensuite : « Accepté partout sans récrimination, la mise en vigueur de ce décret détermina un houvari chez ces Tolbas du Mzab qui crièrent à la foi punique et à l'iniquité ! » Pourquoi distinguer les Tolbas alors que la population Mozabite entière a formulé des protestations ? Pourquoi les désigner particulièrement alors qu'ils ont été dans ces protestations mêmes un élément modérateur, convaincus qu'ils étaient que toute cause juste devait être défendue dans l'ordre et le calme, conformément aux lois. L'auteur a-t-il donc voulu les séparer du reste de la population du Mzab pour essayer de les rendre condamnables aux yeux des autorités et compromettre ainsi la cause Mozabite ?

Il semble ainsi s'étonner de la protestation de tout un peuple qui voit sur le point d'être lacérés et foulés au pied les engagements que la France a pris envers lui, elle qui a la réputation mondiale de défendre la liberté des petits peuples, et qui a pour devise : Liberté, Justice, Egalité !!!

Peut-on attendre une autre attitude du peuple mozabite, si l'on admet qu'une goutte de sang circule encore dans ses veines ?

Que l'auteur place un seul instant la France à la place du Mzab et qu'il suppose ses droits en péril. Pourrait-il s'étonner alors qu'elle remplisse de ses cris le vieux et le nouveau Mondes comme elle l'a fait en 1914 ??? Oserait-il condamner son attitude ! Ne doit-il pas dans ces conditions joindre sa voix à celle du pauvre peuple Mozabite, lui qui a déclaré dans son article: « qu'il n'est pas permis de nier que le péril est vrai ? »

Il ajoute : « A ces facilités, tous les territoires intéressés s'empressèrent de souscrire, tous, excepté les Mozabites qui, par la voix de leur Tolbas irréductibles, déclarèrent qu'ils ne transigeraient pas. »

Toute personne ayant étudié la question Mozabite sait les difficultés existant entre la France et le Mzab, depuis le 3 février 1912, relativement au service militaire.

Les Mozabites doivent-ils le servir militairement ? Le Mzab est-il un pays protectorat ou un pays annexé par la France ? Répondre à la deuxième question c'est répondre à la première.

Quant à la façon de procéder au recrutement, au nombre de soldats à incorporer, aux facilités accordées par la France en ce qui concerne l'incorporation de ces soldats à la résistance des Mozabites, ce sont là des questions secondaires qui dépendent des premières et qu'on ne doit discuter **qu'après avoir établi que le Mzab doit le service militaire.**

La Question Religieuse

Il est à remarquer que le fait, par les territoires de l'Algérie, d'avoir accepté sans murmurer le décret sur le recrutement, ne doit point constituer une preuve contre nous car, comme nous l'avons vu ces pays diffèrent du Mzab. De plus cette acceptation peut-elle justifier la contrainte qui lui est imposée ? D'ailleurs comment ce pays transigerait-il alors que toute transaction ne peut avoir lieu que dans les questions facultatives ?

Jusqu'ici nous avons discuté en nous fondant sur la Justice, l'Egalité et les principes démocratiques. Mais si nous nous plaçons dans le domaine de la force, nous savons que la France possède de puissantes armées, de grandes flottes, et qu'elle peut les mettre au service de sa volonté. Mais cette force, nous sommes persuadés que la France républicaine ne l'emploiera pas contre le Mzab qui est un peuple faible, calme et travailleur, un peuple qui ne possède que la puissance du droit, et qui toujours a manifesté une entière bonne foi envers la puissance protectrice.

Serait-il noble de la part de la France de se mesurer au Mzab ? Elle qui est une grande nation et ne devrait-elle pas le traiter comme un protecteur traite son protégé, c'es-à-dire conformément à la Justice, à l'Egalité **et aux engagements pris** ?

L'auteur a écrit encore : « Il y avait mieux. Le système du remplacement qui a donné lieu à tant d'abus divers dans les territoires civils, était exceptionnellement et **magnanimement** toléré. »

Nous ne cessons de répéter que les facilités accordées par la France au Mzab parmi lesquelles on compte le remplacement, ne peuvent êtres considérées comme telles que si l'on admet que le Mzab doit le service militaire. Or nous sommes en train d'établir par des preuves irréfragables que nous ne devons pas êtres soumis à la conscription.

Prétendre que nous devons le service militaire **c'est violer les traités sacrés qui nous lient à la France ; or,** tout Mozabite préfèrerait la mort à la disparition de ces traités.

La France ne doit-elle pas d'ailleurs pour sauvegarder sa bonne réputation devant les nations et l'histoire, respecter sa signature et ses engagements c'est-à-dire ceux de ses dignes représentants ?

L'auteur ajoute : « Les éternels insurgés que sont nos khorédjites etc... » Recourir ainsi à la diffamation et à l'injure, appeler les Mozabites des khamsi, des khorìdjites, des insurgés etc..., c'est prouver que vous ignorez la mesure et la correction et que vous êtes à court d'arguments.

D'ailleurs nous n'arrivons pas à comprendre le sens de ces qualificatifs et comment pouvez-vous les appliquer au peuple Mozabite qui a un passé glorieux ? Vous auriez pu nous donner la signification des mots « khamsi », protestataires, insurgés etc...

Avez-vous voulu faire allusion par l'emploi du mot « khamsi » au rite Ibadhite ? S'il en est ainsi nous n'avons qu'à nous incliner. Mais nous sommes sûrs que votre intention était l'injure.

Nous vous faisons observer d'ailleurs qu'il n'était pas nécessairee de parler des rites musulmans au sujet d'une question purement politique en un siècle où les barrières religieuses ne sont plus aussi tangibles que par le passé : Vous avez voulu attaquer l'Islam mais vous êtes incapable de l'atteindre. Mais pourquoi avez-vous appelé « khamsi », le rite Ibadhite? Ce rite est-il réellement le 5e des rites musulmans ? Savez-vous que l'Iman Djaber-Ibnou-Zeïd est le premier des Imams de l'Islam, qu'il est né en l'an 21 de l'Hégire et qu'il est mort en l'an 96, trois ans après la naissance de l'Imam Malek et 14 après celle dee l'Imam Abou Hamfa? Que Abdellah Hnou Hadh et Abdellah Hnou Ouahb sont nés dans la deuxième moitié du 1er siècle de l'hégire?

Comment dans ces conditions peut-on admettre que le rite des premiers imams de l'Islam puisse être le 5e ? Si vous avez entendu par « khamsi » le rite qui diffère des quatre autres rites, pourquoi n'avez-vous pas appelé khamsi l'un de tous les autres rites musulmans qui sont au nombre de 73 et qui diffèrent aussi des quatre rites précités ?

Et qu'avez-vous entendu par le mot « irréductible » ? Est-ce parce que les Mozabites défendent **toujours leurs droits dans l'ordre, le calme ET LA LEGALITE,** que vous les appelez ainsi ?

Quoi ! Ce qualificatif doit-il s'appliquer à toute personne qui défend son droit ? Est-ce dans le dictionnaire de la colonisation que vous avez puisé la définition du mot : irréductible ? S'il en est ainsi vous devriez appliquer ce mot à toute nation ou à tout individu qui demande son dû. Mais vous considérez peut-être les Mozabites comme un peuple qui n'a pas le droit de revendication ! Pourquoi voulez-vous lui enlever cette faculté ?

Et trouvez-vous que le fait de se pourvoir régulièrement devant un Tribunal contre un décret qui porte atteinte à des engagements pris, puisse être qualifié d'agitation, ou « d'insurrection » ? D'après le principe démocratique, que je sache, l'agitation consiste à créer du désordre. Trouve-t-on rien de pareil dans la revendication du Mzab qui a toujours été connu comme un pays aimant la paix et l'ordre ? Si dans ces conditions le peuple du Mzab est considéré comme agité, que doit faire un peuple calme ? A-t-il jamais attenté aux droits ou à la liberté de quiconque ? Il paraît ainsi clairement que l'auteur a voulu tout simplement nuire aux Mozabites, les rendre antipathiques, dans l'intérêt de je ne sais qui. Ce n'est certes pas pour servir la France qu'il a écrit un article, car l'intérêt de ce pays ne doit pas être défendu à l'aide de l'invective et de l'injure mais par de bons conseils et en rendant justice à ceux dont les droits sont méconnus.

L'auteur doit être considéré dans ces conditions comme un ennemi de la France et non son ami fidèle. Le peuple mozabite d'ailleurs dédaigne les injures d'un homme qui est l'ennemi de son pays.

Les qualités des Mozabites

L'auteur a écrit encore : « Ils construiront un pont d'or de leur « Chebka » jusqu'à Paris, m'a dit un grand chef indigène qui les connaissait bien, mais ils ne céderont pas. » et plus loin: « Pour s'acquérir des défenseurs, on fait ruisseler à pleines « Djebiras » les « douros » thésaurisés dans les alvéoles pénombreuses du Sahel et du Tell ». La situation économique de la « chebka » est pauvre et ce fait dément cette affirmation gratuite qui ne peut être considérée comme fondée que par les esprits faibles. Nous remercions cependant l'auteur d'avoir attribué au Mzab de la richesse et de la générosité, de l'énergie et de la persévérance. Ce sont là des qualités très louables qui, aux yeux des nations civilisées, font du peuple qui les possède un peuple digne de tous les égards.

Nous remercions aussi l'auteur d'avoir fait de la propagande pour la cause mozabite, dans un journal important. Nous lui demandons le tirage de l' « Echo d'Alger » et nous le prions donc d'augmenter ce tirage afin de poursuivre son beau travail afin qu'un grand nombre de lecteurs se persuadent de la légitimité de nos revendications. Seulement nous lui faisons remarquer que le peuple du Mzab ne se fonde pas dans ses efforts sur la force matérielle ou sur la force de l'argent mais sur celle du droit et que celui qui se base sur cette force finit toujours par triompher.

Monsieur M. S. L. écrit encore : « Mais comme par impossible, personne n'était à corrompre, et que les « chers maîtres » consultés, encourageaient la rebellion avec grande éloquence, on en appela à César, c'est-à-dire au Conseil d'Etat. » Il est complètement faux que nous ayons voulu corrompre qui que ce soit dans les ministères. Il est inexact aussi que c'est parce que nous n'avons trouvé aucune personne à corrompre que nous nous sommes adressés au Conseil d'Etat. Quant aux avocats à qui nous avons demandé conseil, tous nous ont encouragés à la résistance et tout particulièrement MM. Henri Robert, Mornand, Pillet et Prunelle et ce, parce que le droit était de notre côté.

Ces avocats n'appartiennent pas à la catégorie de ces hommes qui font du tort à la réputation de leur pays! Ils honorent au contraire la France, parce qu'ils ont l'âme sensible et noble, une conscience des responsabilités, des vues larges sur l'avenir, un cœur qui vibre et résonne aux cris de l'opprimé. De tels hommes sont dignes de la considération et du respect des Mozabites.

La Convention du 29 Avril 1853

L'auteur ajoute : « Le grief capital invoqué par les Mozabites, document qu'ils excipent afin de légitimer leur attitude insurgée et crier au parjure, c'est la convention du 29 avril 1853, portant la soumission de leur pays à la France. »

Et le reste de la convention a-t-il été absorbé par la bouche géante de la colonisation ? ?

Cette convention ne contient-elle pas cette phrase:?

« Que la protection française leur sera assurée sur les routes et dans les villes, que leur commerce ne sera grevé d'aucun droit de douane, sauf toutefois pour les marchandises d'origine tunisienne ou marocaine. »

Et cette autre phrase:? « Nous ne voulons en aucune façon nous mêler dans vos affaires intérieures, **vous resterez à cet égard comme par le passé.** Ce sera donc à vous à régler dans vos villes le mode de perception de la somme que vous devez verser chaque année au « Beylik » français.

Des professeurs de droit consultés ont déclaré que le dit acte consacrait l'établissement du protectorat de la France sur le Mzab, c'est-à-dire donnait la faculté aux autorités françaises de s'immiscer dans les affaires extérieures du Mzab; c'est ce qu'a expliqué le mot « soumission » employé dans la convention.

Cette convention a donc laissé à ce pays son autonomie intérieure. Les Mozabites dans ces conditions ont le droit de s'opposer à leur incorporation.

1° Parce que le droit international interdit de porter aucune atteinte à la personnalité politique du pays protégé de telle sorte que ce pays devrait rester neutre dans le cas où la nation protectrice viendrait à entrer en guerre avec une autre nation.

(Voir Principes de droits constitutionnels, page 8).

2° Parce que la convention du 29 avril 1853 dispose que la France ne doit nullement s'immiscer dans les affaires intérieures du Mzab. Et quelle immixtion peut être plus profonde que celle qui consiste à incorporer les enfants de ce pays ?

3° Parce que les lois constitutionnelles françaises permettent à toute personne ayant subi un dommage par suite d'un décret ou un arrêté, de se pourvoir devant le Conseil d'Etat (voir Principes de droits constitutionnels, page 89).

L'auteur a écrit aussi: « Or, ce document brandi comme un défi par nos « khamsis » récalcitrants, j'en ai le texte sous les yeux et je n'y lis aucune allusion relative au service militaire, lequel, aussi bien à l'époque lointaine de sa rédaction n'avait aucunement lieu de nous préoccuper. »

Mais y avez-vous trouvé le droit d'obliger un peuple de déroger aux prescriptions de sa religion, de tuer malgré lui son frère, de s'exposer au péril dont vous avez parlé dans votre article ? Il faut être aveugle et de mauvaise foi pour ne vouloir trouver dans la dite convention que l'idée de soumission et n'y point voir l'engagement formel de la France de ne point s'immiscer dans les affaires intérieures du Mzab.

Je veux bien admettre que la convention du 29 avril 1853 ne contient aucune allusion au service militaire. Quelle doit être à ce sujet la situation du Mozabite. Devra-t-il le service militaire? Dans l'affirmative, que voudrait dire alors cette expression de la convention : « Vous serez comme par le passé. » ?

Et dans ce passé les Mozabites étaient-ils soumis à l'obligation militaire ? ?

Et si le service militaire ne préoccupait pas la France au moment de la rédaction de la convention de 1853, a-t-elle le droit, aujourd'hui, de modifier cette convention sans le consentement de l'autre partie contractante ?

Les Mozabites peuvent-ils à leur tour modifier seuls les dispositions de la dite convention ?

L'auteur ajoute encore : « Sous la signature du Maréchal Randon, elle (la convention) édicte impérieusement **les volontés du vainqueur imposées au vaincu.** » La question de vainqueur et de vaincu importe peu ! Ce qui importe, ce sont les dispositions des traités signés par les parties, que celles-ci soient d'égales force ou de puissances différentes. Ce qu'il faut aussi c'est la légalité du mandat donné aux représentants des deux traitants.

Or, sur ce point nous sommes d'accord et aucune difficulté n'est à soulever.

Monsieur M. S. L. écrit aussi :

Le Tribut

Il y est parlé du paiement d'un tribut annuel de 45.000 francs, en échange de quoi, et sous condition que le Mzab ne pactisera pas avec les fauteurs de troubles extérieurs et maintiendra l'ordre chez lui, la France lui consentira certaines immunités commerciales et protègera ses caravanes contre les tribus pillardes. »

Ce tribut est donné en compensation de la protection de la France contre toute agression étrangère.

Quant à ce qui concerne les affaires intérieures du Mzab, la France s'est engagée à lui laisser son autonomie administrative.

D'ailleurs la convention de 1853 n'a jamais été rapportée.

Le journaliste ajoute : « Les conditions requises, pour que l'arrangement sollicité fût acceptable, énumérées, la convention se termine par **ces grondantes paroles :** « Songez que ces prescriptions sont celles de la France qui a une puissance redoutable entre les mains pour faire exécuter ce qu'elle veut de juste et d'équitable. »

Peu nous importe que la convention de 1853 soit terminée par des paroles grondantes ou douces, si cette convention existe encore légalement, car les dispositions d'une telle convention profitent toujours beaucoup plus aux faibles qu'aux forts.

Il aurait été souhaitable que la France se conformât à ces dispositions et les respectât comme nous les respectons.

On lit encore dans le dit article : « Donc, on le voit, la première raison alléguée, celle sur quoi se fonde la rebellion de Beni-Mzab et se base leur espérance, ne saurait être prise en considération, les termes très explicites de la capitulation de 1853 ne pouvant se prêter à la moindre équivoque. »

Nous maintenons que la dite raison doit être prise en considération car dans ses termes mêmes, cette convention qui enlève aux Beni-Mzab leur liberté extérieure leur reconnaît explicitement leur autonomie intérieure.

L'Objection de Conscience

Monsieur M. S. L. ajoute : « Un second argument des Tolbas, celui-ci mieux fondé que le premier, est d'ordre moral et religieux. Théologiquement, l'effusion du sang sauf dans le cas de guerre sainte ou Djihad, est interdite aux Ibadites. Or, être soldat, à notre époque troublée surtout, c'est être dans l'obligation de consommer chaque jour le meurtre de Caïn. »

Nous prenons acte de cet aveu et nous nous réservons le droit d'en bénéficier.

Nous demandons à l'auteur s'il est juste d'obliger l'homme à tuer journellement son frère et de le considérer comme têtu s'il se refuse à y consentir, s'il est équitable de le forcer à abandonner les préceptes de sa religion et de le qualifier d'agitateur et de révolté toutes les fois qu'il s'y oppose.

Est-il juste aussi de lui clouer les lèvres, de lui briser sa plume et s'il proteste, de le considérer comme criminel et de le défférer devant les Tribunaux ?

Est-il juste encore de détruire sa personnalité sociale, de faire courir à son pays les dangers les plus graves et s'il crie à l'injustice de le menacer de toutes les foudres du ciel et de la terre ?

Sont-ce des préceptes chrétiens? Ou les préceptes du XXᵉ siècle ?

On lit aussi dans le dit article : « Grâce à une éducation spartiate, l'enfant mozabite, devenu homme, continuait de vivre au pays de ses pères. Mais lorsqu'il aura vécu deux ans ou plus dans nos grandes villes, lorsqu'il aura mordu à tous les fruits prohibés des Gomorrhes, ne refusera-t-il pas de réintégrer la Thébaïde natale qu'est la chebka du Mzab ? »

Non! le Mozabite retournera à son pays natal. Il y sera poussé par son éducation sociale et nationale.

D'ailleurs les fruits prohibés qui sont mordus par tout soldat ne le sont que par fort peu de Mozabites: Et ne vaut-il pas mieux que ces derniers soient peu nombreux et que la porte de la débauche leur soit fermée afin que le reste de leurs coreligionnaires n'aient pas à courir le risque d'une contamination certaine et que leurs lois religieuses et sociales soient respectées ?

L'auteur paraît vouloir attiser la flamme de la débauche au lieu de l'éteindre, lui qui se considère comme **civilisateur** de notre pays.

Il écrit: « Je n'irai pas jusqu'à dire ce que me disait le poête Bou-Saâdi, Sliman ben Brahim, mozabite lui-même que maintenir le service militaire obligatoire pour ses coreligionnaires serait condamner l'Oued-Mzab à l'abandon et à la mort du Mzab; mais il n'est pas permis de nier que le péril est vrai ». — Le poète mozabite a voulu dire par là que le service militaire serait la condamnation du Mzab au point de vue religieux, social et **économique.** Au point de vue religieux et social Monsieur M. S. L. a montré dans son article que le péril était grand. Quant au point de vue économique M. Prunelle, avocat à la Cour d'Appel d'Alger a écrit: « Il est impossible d'en assurer le fonctionnement (du service militaire), sans violer les prescriptions religieuses du rite Ibadhite qui exige cinq prières par jour. De plus les Mozabites dont le pays est pauvre, sont, pour la plupart, commerçants à l'étranger. Le service militaire les obligeant à abandonner, pour un certain temps, le commerce, **porterait** incontestablement un coup mortel à leur **situation économique.** »

Voilà le commentaire des paroles de notre poète Sliman ben Brahim.

Pourquoi Monsieur M. S. L. qui reconnaît avec Monsieur Prunelle que « le péril est vrai » ne tient-il pas compte de ce péril et veut-il que le danger subsiste et qui pèse de tout son poids sur le peuple mozabite ?

La vérité n'est pas le fruit des passions personnelles, mais est intimement liée à la Justice et à l'égalité.

L'auteur ajoute: « Ce qui s'affirme surtout dans cette affaire, qui tient le clergé des villes saintes en alerte depuis deux ans, c'est l'entêtement artificieux caractéristique de la race ». Nous regrettons de ne pas comprendre ce qu'il entend par l'expression « entêtement artificieux ». Nous aurions bien voulu le voir nous l'expliquer.

Entend-il par là l'énergie avec laquelle la population mozabite et ses Tolbas défendent leurs droits? S'il en est ainsi, nous sommes très heureux d'être des entêtés.

Question du Droit

Il écrit encore: « Car il suffit de se souvenir du chiffre infime du contingent imposé de 100 à 150 hommes pour une population de 40.000 habitants pour que s'avère indubitable l'arrière-dessein de sédition et la mauvaise foi atavique des petits neveux de Carthage ».

Nous avons précédemment écrit que la question qui se posait à ce sujet n'était pas relative au nombre de Mozabites à incorporer annuellement **mais au principe même du service militaire dans le Mzab.**

Depuis le 3 février 1912 la population mozabite s'appuyant sur les engagements de la France, le droit et l'équité, par des protestations, des requêtes et des délégations s'est élevée contre le service militaire.

Peut-on trouver, dans ces justes protestations, le moindre « arrière dessein de sédition ou de mauvaise foi ? »

Le Mzab considère dans le fait de se soumettre à l'incorporation ou au remplacement d'un seul mozabite, une renonciation complète aux engagements pris envers lui par la France.

Il y voit le consentement à l'étouffement de sa religion, à la disparition de sa personnalité sociale, à la mort de ses générations futures. Oui! l'intelligence des petits neveux de Carthage a découvert derrière le voile de la politique poursuivie envers le Mzab, tous les pièges qu'on tend à ce pays.

Simple Justice

L'auteur ajoute : « Une seule minute de réflexion nous persuade que la **simple justice** prescrivait l'application du régime instauré et que le Gouvernement après avoir échoué dans ses tentatives de transaction, n'a rien commis que de licite, etc. »

Non! La Justice tout court exige de ne point soumettre le Mzab au service militaire. Nous l'avons établi précédemment par des preuves irréfutables. La Justice s'oppose aux procédés arbitraires employés par certaines autorités; la Justice la plus stricte serait dans le respect des engagements et des promesses de la France, dans le respect des institutions religieuses, sociales et économiques du Mzab, qu'à plusieurs reprises la nation protectrice s'est engagée à sauvegarder. La France, pour sa bonne réputation doit tenir ses engagements. Sa politique devait, dans les circonstances actuelles, s'attacher à aplanir les difficultés et non à les multiplier.

Voici ce que dit M. Prunelle sur le Mzab : « Un peuple tributaire et autonome ne doit pas le service militaire, à moins que cette obligation ne lui ait été imposée dans la convention par l'autre puissance contractante. Or, tel n'est pas le cas et c'est arbitrairement que les

Mozabites ont été soumis au Service militaire (le recrutement des Indigènes algériens pages 67 et suivantes).

Monsieur M. S. L. a écrit enfin: « Mais n'est-il pas écrit que « les Assassins d'Ali » — ainsi que les Musulmans orthodoxes désignent avec mépris les sectateurs schismatiques d'Abdellah Ibnou Ouahb, seront à perpétuité les protestataires, etc.... »

Pourquoi vous immiscez-vous dans les affaires de l'Islam? Que vous importe si les musulmans s'entendent ou ne s'entendent pas entre eux? **Votre intention est de semer la discorde parmi eux** et d'ouvrir dans leur rang une brèche par laquelle vous pensez arriver à vos fins haineuses ! »

Les Musulmans, et particulièrement les Mozabites, n'ont que faire de vos conseils. Ils connaissent mieux que quiconque leurs véritables intérêts. L'Islam, sachez-le, malgré la distance qui sépare ses membres, a un même cœur dans lequel circule un même sang.

Vous écrivez enfin que Masqueray voyait en eux les « circoncellions de l'Islam ». Quel témoignage merveilleux à l'égard du peuple mozabite! Ce témoignage efface véritablement toutes les ordures que vous avez déversées sur nos têtes. Vous devez donc vous incliner bien bas devant les « circoncellions » de l'Islam et les servir en persuadant votre pays de ce que son devoir est de respecter les engagements pris envers eux, c'est-à-dire leur autonomie intérieure, conformément à la lettre écrite le 7 février 1884 aux Beni Mzab par M. Tirman et qui contient cette phrase : « Dans votre lettre vous vous appuyez sur la promesse que nous vous avons faite le 21 décembre 1853 et que nous avons renouvelée en 1882 lors de l'occupation du Mzab.

L'espérance que vous avez placée dans le Gouvernement de la France ne sera pas déçue, car la France se rappellera toujours le traité qu'elle a conclu avec vous. »

K. E.
Mozabite.

TABLE DES MATIÈRES

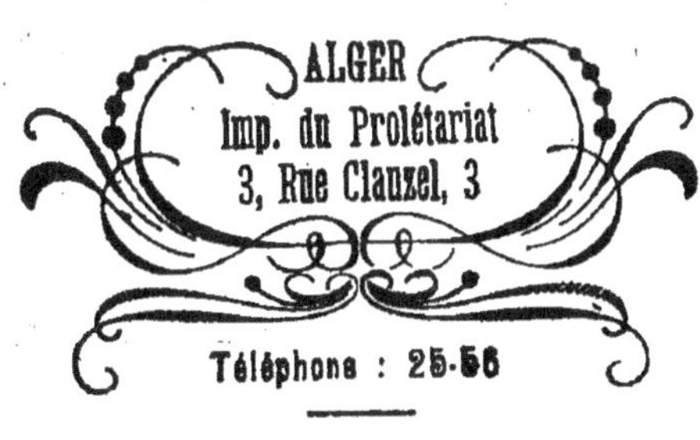

ALGER
Imp. du Prolétariat
3, Rue Clauzel, 3

Téléphone : 25-56

— 1924 —